AF404068

LE DOCTEUR

L.-A. ROUGIER

DISCOURS

PRONONCES A SES FUNERAILLES.

LYON

IMPRIMERIE DE LOUIS PERRIN

rue d'Amboise, 6

1863

LE DOCTEUR L.-A. ROUGIER.

E docteur Louis-Auguste Rougier, né à Lyon le 28 décembre 1792, y est décédé le 4 mars 1863.

Les sentiments qui ont accueilli de toutes parts la nouvelle de sa mort, ont inspiré aux principaux organes de publicité de Lyon et du département du Rhône, les réflexions qui suivent :

« Un des hommes qui honora le plus notre cité et consacra à des fonctions gratuites et laborieuses tous les instants que lu laissait l'exercice de sa profession, M. le docteur Rougier vient de mourir en notre ville, à l'âge de 70 ans,

« Il était chevalier de la Légion d'honneur, président de l'as-

4

sociation des médecins du Rhône, du conseil d'hygiène publique
et de salubrité, de la commission permanente de vaccination
gratuite, médecin de l'école impériale vétérinaire, ancien président du comité médical du dispensaire, ancien médecin de
l'Hôtel-Dieu, ancien président de la société impériale de médecine et de l'académie impériale des sciences, arts et belles-lettres
de Lyon, etc.

« Il laisse à ses concitoyens le souvenir d'un homme qui, durant sa longue et cependant trop courte carrière, mit à leur service le dévoûment, le travail et la science. Nous n'ajouterons
rien pour le moment à cette notice ; d'autres voix plus autorisées diront la vie de cet homme de bien et les regrets universels
que sa mort a causés dans Lyon. »

(Le Progrès, journal de Lyon, n° du 7 mars 1863.)

« Le corps médical lyonnais vient encore de faire une perte
qui sera vivement sentie. L'une de ses notabilités les plus univer-
sellement honorées vient de disparaître, laissant un vide qui ne
sera pas de sitôt rempli. Le docteur Rougier a sucombé, jeudi
dernier, a une maladie longue et douloureuse contre laquelle il
luttait depuis longtemps avec l'énergie et le sangfroid qui l'ont
caractérisé pendant toute sa carrière.

« D'autres, mieux informés et plus autorisés que nous, ra-
conteront sa vie et mettront en lumière les qualités solides et
brillantes à la fois qui distinguaient l'homme éminent que notre
cité vient de perdre ; nous nous bornerons aujourd'hui à rappeler les faits saillants d'une vie qui a été tout entière consacrée
au bien public.

« M. Rougier débuta sous l'Empire dans la chirurgie militaire.
Fait prisonnier en Hongrie, il y demeura captif pendant quelque
temps, puis il rentra en France après 1815. Revenu à Lyon, il
se présenta au concours de l'Hôtel-Dieu, fut nommé médecin
de cet établissement, puis devint bientôt après membre de la
Société de médecine. Il se distingua à la même époque par des

publications où l'élégance de la forme le disputait à la solidité du fond. Choisi pour remplir les fonctions de secrétaire général de la Société de médecine, les qualités littéraires dont il donna la preuve le portèrent bientôt à l'Académie de Lyon, en même temps que le ruban de la Légion d'honneur venait récompenser des travaux aussi utiles que désintéressés.

« Plus tard il présida successivement les deux sociétés savantes, et sa présidence ne fut pas une des moins bien remplies.

« Membre du conseil d'hygiène et de salubrité publique, il en devint presque aussitôt président; sa loyauté, la fermeté de son caractère et la netteté de son jugement le désignaient pour remplir ces fonctions qu'il occupait encore, lorsque la maladie est venue le saisir. A ce titre, il a rendu à la ville de Lyon et aux pauvres des services signalés, bien que, par leur nature même, ils soient demeurés pour la plupart ignorés du public. Digne successeur du baron de Polinière, c'est grâce à son active coopération que se fonda l'association des médecins du Rhône, précédant de peu de temps l'association des médecins de France, à laquel celle du Rhône donna l'exemple et servit de modèle. Son titre de président de cette association n'était pas un des moindres hommages rendus à la haute honorabilité dont il avait fait preuve dans l'exercice de sa profession. Cet hommage n'était, du reste, que l'expression de l'estime générale que ses confrères lui avaient vouée et qui se traduit aujourd'hui par les regrets profonds qui accompagnent sa mort et par les sympathies douloureuses qui environnent sa famille si cruellement frappée. »

(*Le Salut Public*, journal de Lyon, n° du 7 mars.)

« Le corps médical de notre ville, la profession tout entière, viennent de faire une perte cruelle, une de ces pertes dont on se demande, non sans appréhension, si, malgré le mérite et le dévoûment de ceux qui restent, on parviendra jamais à combler les vides qu'elles ouvrent. Le 7 mars, une foule immense et douloureusement recueillie accompagnait une suprême fois

6

l'homme de bien qui, si longtemps, avait été son guide vénéré; le docteur Rougier président de l'association des médecins du Rhône, du Conseil d'hygiène publique et de salubrité, de la Commission permanente de vaccination gratuite, médecin de l'Ecole impériale vétérinaire, ancien président du Comité médical du Dispensaire, ancien médecin de l'Hôtel-Dieu, ancien président de la Société impériale de médecine et de l'Académie impériale des sciences, arts et belles-lettres de Lyon, etc.

« Dire que le docteur Rougier *a rempli* effectivement ces nombreuses et importantes fonctions, pour la plupart décernées par le suffrage de ses confrères, serait déjà un éloge suffisant. Nous pouvons lui rendre cet hommage, nous son collègue, nous qui l'avons vu à l'œuvre, qui depuis près de vingt ans l'avons de près admiré, suivi de loin, dans les phases diverses mais toujours exquisement honorables de sa militante carrière. Les corps savants auxquels il appartenait doivent plus qu'un banal souvenir, ils ont une dette sacrée à acquitter envers cet infatigable travailleur, si constamment utile, si pleinement dévoué, passionné pour le bien, mais le pratiquant avec cette modestie qui fuit les regards et donne le rare spectacle d'un mérite qu'on est obligé de révéler à lui-même.

« Tel était Rougier; tel il savait se faire aimer. Ce n'est pas,— nous l'exprimons comme nous ne le sentons que trop — ce n'est pas sans une douleur mêlée de quelque effroi que nous voyons tout à coup nous manquer les conseils judicieux, le sens profondément pratique où nous avions l'habitude d'aller éclairer nos doutes; la haute raison où nous étions toujours sûr de trouver, à côté du juge impartial, le mentor plein de bienveillance. Rougier possédait les dons précieux de l'âge sans en avoir ni la défaillance ni les préjugés. Il savait apprécier et il savait se prononcer. Passion pour le bien, fermeté dans les convictions, tels sont les deux traits caractéristiques de sa noble et mâle figure.

« En attendant un éloge plus digne de lui, que la mémoire de notre cher et respectacle collègue accepte cet imparfait hommage.

(Gazette Médicale de Lyon, n° du 16 mars).

« Avant que la *Revue* ne consacre une notice biographique à l'illustre médecin que la ville de Lyon vient de perdre, qu'il nous soit permis d'exprimer en quelques mots nos regrets.

« Louis-Auguste Rougier, chevalier de la Légion d'honneur, président de l'association des médecins du Rhône, ancien président de la société impériale de médecine et de l'académie impériale des sciences, belles-lettres et arts de Lyon, né dans notre ville à l'époque désastreuse de 1792, avait apporté en naissant quelque chose de cette énergie vaillante qui distingua la génération témoin du siége. Son caractère droit et loyal ne sut jamais ce que pouvait être une transaction ou une faiblesse, sa mâle figure reflétait l'intégrité de son âme, sa haute taille, plus penchée par la pensée que par l'âge, son regard plein d'éclat, sa parole vive et nerveuse, son geste prompt, sa volonté active, son savoir vaste et lucide, son jugement pratique, attiraient, soumettaient les hommes et faisaient comprendre qu'il fût si volontiers désigné comme président de toutes les sociétés savantes, de toutes les réunions au milieu desquelles il se trouvait. Sa nombreuse clientèle, le soin qu'il apportait à remplir les charges que lui imposait sa bienfaisance ne l'empêchaient pas de trouver quelques instants pour étudier et cultiver les lettres. Ses *Eloges*, ses *Rapports* étaient remarqués, et son dernier ouvrage sur *l'Hygiène de Lyon*, rappellera ce que fut sa conscience au travail et son zèle pour la prospérité de la cité.

« Décédé le 4 mars, après une douloureuse maladie, dont la tendresse de sa famille a su adoucir l'âpreté, le docteur Rougier a été accompagné à sa dernière demeure par l'élite de notre population, et comme dernier hommage, les docteurs Potton, Dime, Gubian, Bonnet ont fait entendre sur sa tombe leur voix aimée et sympathique à côté des grands accents de l'orateur qui a le privilége parmi nous d'écrire ses paroles pour l'histoire. »

A. V.

(*Revue du Lyonnais*, n° de mars 1863.

8

« Les funérailles du docteur Rougier ont eu lieu samedi dernier, au milieu d'un concours immense de personnes appartenant pour la majeure partie, au corps médical, à la magistrature, au barreau, qui, toutes, avaient tenu à honorer par leur présence la mémoire d'un homme dont les titres à la reconnaissance et aux regrets de ses concitoyens étaient aussi solides que nombreux.

« Le deuil était conduit par le fils et le gendre du défunt. Le service funèbre a eu lieu à l'église Saint-François. Après la messe, le cortége, escorté par un peloton de soldats de ligne, en raison du grade de chevalier que le défunt occupait dans l'ordre de la Légion d'honneur, s'est dirigé sur le cimetière de Loyasse. Arrivés devant la fosse ouverte pour recevoir le cercueil, et après les prières de l'Eglise, les assistants ont entendu plusieurs discours retraçant la vie et rappelant les mérites du défunt. M. Paul Sauzet a pris le premier la parole au nom de l'Académie de Lyon. Nous publions d'après le *Progrès* le texte de la magnifique improvisation prononcée par l'illustre orateur.

« A la suite de ce discours éloquent, prononcé avec une émotion qui parfois étouffait la voix de l'orateur et qui arrachait des larmes à plus d'un auditeur, M. le docteur Potton a prononcé une allocution au nom de la société de médecine, M. Glénard a parlé au nom du conseil d'hygiène et de salubrité du département du Rhône, M. Jacques Bonnet a représenté l'association des médecins du Rhône, M. le docteur Louis Gubian a adressé au défunt des adieux chaleureux au nom du comité médical du Dispensaire général de Lyon, M. le docteur Dime a parlé au nom de la société de vaccine du département du Rhône ; enfin, M. Lecoq, directeur de l'Ecole vétérinaire, a rappelé, en quelques mots, le dévoûment dont M. Rougier a fait preuve dans les fonctions de médecin qu'il exerçait à l'Ecole vétérinaire. »

(*Salut Public* du 11 mars.)

DE M. PAUL SAUZET

*Président de l'Académie Impériale des Sciences, Belles-Lettres et Arts
de Lyon.*

Messieurs,

ENCORE une tombe qui se referme ; encore un vide qui se creuse au sein de notre Académie déjà veuve en si peu d'années de tant d'illustrations et de dévoûments.

L'affluence recueillie qui se presse autour de cet homme de bien, montre assez combien sa perte est partout douloureusement ressentie.

C'est que la ville perd en lui un des plus dignes représentants de cette science médicale qui tint toujours une si grande place dans ses gloires ; un des derniers demeurants de cette éclatante pléiade dont, grâce à Dieu, la trace n'est pas interrompue, mais dont rien n'effacera jamais la mémoire.

Sa vie s'est écoulée tout entière au milieu de nous, son nom s'est mélé à toutes les nobles institutions de la cité; c'était une de ces fortes existences municipales qui s'enracinent d'autant plus dans le sol qu'elles ne se transplantent jamais. D'autres ont fait plus de bruit, aucune ne laissera un plus suave parfum, car elle eut l'honneur pour guide, le dévoûment pour mobile et le respect pour récompense.

Il quitta pourtant une fois sa ville, mais c'était pour servir la France. A vingt ans, il fit avec honneur la campagne de 1813; la paix de 1816 le rendit bientôt sans partage à ses premières études et à sa chère profession; ce patriotique épisode de sa vie servit seulement à prouver combien cette généreuse nature savait suffire à tous les genres de courage.

Il appartient à d'autres de raconter les diverses phases de cette carrière consacrée tout entière à l'humanité et à la science, de suivre tout un demi-siècle de profonds et féconds travaux, de rappeler ses inspirations, ses écrits, ses succès. Une bouche plus expérimentée que la mienne vous redira surtout comment les affections nerveuses, ce fléau dominant de nos temps agités, reçurent de Rougier un mode spécial de traitement qui a mérité de passer dans le domaine de la pratique et de populariser son nom.

Mais si le jugement des procédés et des progrès de l'art est le privilége des habiles, chacun de nous a pu voir à l'œuvre cette ardeur pour le bien si active et si réglée, ce tact sûr et pénétrant également éloigné de l'esprit de système et de l'esprit d'aventure, cette sagesse pratique qui garde les traditions sans s'y restreindre et expérimente les découvertes sans s'y livrer, surtout cette haute dignité médicale, glorieux et nécessaire apanage d'une profession qui est à la foi une science, une magistrature et un sacerdoce.

Cette dignité s'alliait en lui avec la simplicité des mœurs et la grâce des manières; caractère ferme et serein, cœur chaud et généreux, esprit fin et sincère, susceptibilité délicate qui ne voulait pas être blessée parce qu'elle ne blessa jamais, amitié attrayante et fidèle, services et désintéressement de tous les jours : telle fut sa vie.

On l'a vu, dans ces temps de mouvements sans relâche et de désirs sans frein, fier de son sort paisible, satisfait d'un modeste patrimoine, concentrant son bonheur dans les douceurs de la considération publique et les joies de la famille, écrivant pour la science et souriant à ses petits enfants : vénérable type du vrai sage qui fait le bien pour le bien sans ambitionner la fortune ni chercher la renommée.

Mais la renommée vint le chercher, non pas cet éclat fiévreux qui apparaît comme un météore et disparaît comme une fumée, mais cette sereine et durable lumière qui s'entretient par le travail, se propage par le talent et rayonne chaque jour davantage sans vaciller jamais.

Toutes les distinctions de sa noble profession lui sont venues tour à tour; nul n'en sollicita moins, nul n'a cumulé sur sa tête en plus grand nombre tous les généreux patriciats de la science et de la charité; partout où se faisait sentir le besoin d'une direction ferme et conciliante, la confiance publique faisait appel à son zèle, et partout où il y avait du bien à faire cet appel était certain d'être entendu.

Nommé médecin de l'Hôtel-Dieu à la suite d'un brillant concours, il a laissé à ses élèves un enseignement sûr, à ses successeurs des traditions précieuses.

Président de la commission permanente de vaccination gratuite et du comité médical du dispensaire, il a veillé à la préservation de l'enfance et au soulagement de tous les âges.

Président de l'association de bienfaisance des médecins du Rhône, qui honore à la fois la médecine et la cité, il représentait mieux que personne le caractère de cette noble institution dotée par un de nos médecins célèbres, qui offre le pain fraternel à la détresse imméritée, sans blesser jamais la dignité de la science.

Appelé à la présidence du conseil de salubrité, il avait compris toute l'importance d'une mission qui peut opérer le bien sur de si larges bases ; il savait que si les secours de la médecine peuvent guérir les individus, la bonne hygiène des cités sauve les populations. Les tendances de l'époque favorisaient ses efforts. Par son zèle, par ses conseils, quelquefois par ses avertissements, il a mérité de prendre sa part dans cette vaste régénération d'eau, d'air et de lumière qui a transformé notre ville ; il a développé toutes ces hautes questions dans un compte rendu où l'on trouve à la fois le médecin et le moraliste, l'administrateur et le philanthrope. Ce rapport, écrit avec toute l'indépendance de son caractère et toute la force de son style, restera comme un lumineux résumé du bien qui s'est fait, un fécond programme du bien qui reste à faire.

Il a présidé la Société de médecine après être resté pendant de longues années son secrétaire général, et l'élégante lucidité de ses travaux l'avait fait surnommer le Pariset lyonnais.

L'étoile de l'honneur a brillé sur sa poitrine; sa modestie seule a pu recevoir comme une faveur ce que l'opinion publique attendait pour lui comme une justice, et il a tenu à justifier par de nouveaux efforts une distinction que tant de services passés avaient si largement conquise.

Tant de titres avaient dès longtemps fixé sur lui les regards de l'Académie. Ouvrir ses rangs aux illustrations de la cité, c'est à la fois sa mission et sa récompense; elle l'appela dans son sein et le plaça bientôt à sa tête. Nul ne l'a servie avec plus de zèle, nul ne l'a présidée avec plus de distinction : il nous apportait une riche dot, une science pratique, une plume littéraire, un caractère aimable et grave, une irréprochable pureté de sentiments et de pensée comme de style; chacun s'honorait de rechercher son amitié, chacun sur les sujets les plus divers se plaisait à interroger sa sagesse. Parmi tant de communications intéressantes, il nous a laissé un compte-rendu des travaux de l'Académie, varié comme ses lumières, rapide comme une esquisse, coloré comme un tableau; tous les portraits y sont attrayants et fidèles; c'est un modèle exquis de ce genre difficile et vraiment académique, qui sait relever les travaux d'autrui par l'inspiration personnelle, sans les amoindrir ni les absorber jamais.

Il avait déjà révélé cet admirable talent de peindre les hommes et leurs œuvres alors que, secrétaire général de la Société de médecine, il consacrait à plusieurs de ses confrères ces biographies pleines et saisissantes qui font revivre le passé et encouragent l'avenir.

Qui pourrait moins que moi oublier ces hommages funéraires !

Un jour, un triste jour, il y a tantôt dix-neuf années, à quelques pas de cette fosse funèbre, je conduisais le deuil de mon vénérable père, lorsque du fond de mon irréparable douleur, j'entendis cette voix qui vient de s'éteindre lui adresser un suprême et éloquent adieu ; je ressens encore les larmes d'attendrissement et de reconnaissance qui furent le seul soulagement de mon cœur dans ces lugubres moments. Oui, c'est à lui que je dus cet éloge des vertus paternelles dont le souvenir épanouit l'âme aux plus mauvais jours de la vie, et dont le juste orgueil ressemble lui-même à une vertu... Et c'est moi qui devais lui payer la dette de mon vertueux père, au moment où il est allé le rejoindre et m'attendre... et en m'attendant, mon héréditaire amitié devait être condamnée à subir le déchirement de cette nouvelle séparation... Je ne sais qu'obéir aux décrets de la Providence.

Pardonnez à l'entrainement de ces émotions personnelles ! ce tribut de piété filiale ne me fait pas oublier l'hommage de nos regrets fraternels.

Ces regrets seront durables, car notre confrère n'inspirait que de profondes sympathies, il attachait lui-même un intérêt de prédilection à cette fraternité littéraire ; il savait qu'il ne trouvait parmi nous que des amis, aussi il nous est venu jusqu'à la fin et l'Académie a reçu ses dernières visites.

Mais cette riche nature s'était, dès longtemps, usée par le travail : de redoutables assauts l'avaient ébranlée ;

une crise suprême acheva de la briser. Le dévoûment de ses plus éminents confrères lutta vainement contre le mal. Les derniers moments étaient venus : la science n'a pu que les prolonger, les soins pieux de ses enfants les ont adoucis, l'Eglise les a consolés.

A l'apparition du péril, il a lui-même appelé ses secours, et depuis, pendant un mois d'angoisses, il a demandé et reçu tour à tour ses plus augustes sacrements des mains de son vénérable pasteur, au milieu des prières attendries des siens et de l'édification de tous.

On l'a entendu offrir à Dieu le sacrifice de sa vie, avec cette touchante résignation et cette confiante humilité des moments suprêmes dont les plus hautes intelligences nous donnent, depuis quelques années, le plus magnifique exemple.

Ce privilége semble appartenir surtout à cette science que l'étude des mystères de la nature place sans cesse en face et bientôt aux pieds du créateur.

Rougier méritait cette récompense, car la charité avait inspiré toute sa vie, et le respect de la foi ne s'était jamais éloigné de son âme. Il l'avait vénérée dans ses pères, il la chérissait dans sa fille, il l'admirait dans son fils.

Ce fils, enveloppé en ce moment d'un double deuil qui vient de lui enlever, en sept jours, le père de son épouse et le sien, ce fils appartient à cette jeune génération fortement retrempée par la religion et par l'étude, qui oppose à tant de vices prématurés le spectacle de ses précoces vertus, et qui, par ses généreux sacrifices et ses pieux dévoûments, a su conquérir le respect des anciens et enseigner quelquefois jusqu'à ses pères.

Fils d'un médecin distingué, avocat honoré lui-même, il est déjà lauréat de notre Académie. Il y a cueilli la plus noble palme par une œuvre qui est à la fois une bonne action et un beau livre. Ce mémoire sur les associations ouvrières, respire tout ensemble la philanthropie éclairée qui fait l'honneur du siècle et la charité chrétienne qui fait la force de tous les siècles.

Il a été donné à son père de siéger au milieu de nous dans ce moment solennel et il a pu voir la main de ses confrères offrir la couronne à son fils. Il a entendu les applaudissements sympathiques qui se plaisaient à saluer deux générations dans un seul nom, nous avons vu de douces larmes se mêler aux tressaillements de la fierté paternelle.

Ce fut sa dernière joie... Deux mois se sont à peine écoulés et cette fête triomphale s'est changée en pompe funèbre. Mais la bénédiction de Dieu demeure sur le fils qui a consolé les amertumes de son père, et le père lui-même a dû quitter la vie avec moins de regret, car il laissait à de dignes mains cet honneur héréditaire du nom qui est la plus douce des perpétuités de la terre.

Hélas! que ces perpétuités sont vaines! et après tant de coups redoublés, comment ne pas s'incliner devant les avertissements d'en haut?...

En voyant tant de lumières éteintes, tant d'amitiés brisées, tant d'espérances évanouies, courbons nos adieux vers la tombe de celui qui nous fut si cher, puis élevons nos regards...

Gardons notre amitié aux siens, notre fidélité à sa mémoire; souvenons-nous de ses vertus comme de sa fin et méritons de le revoir à l'immortel rendez-vous.

DISCOURS

DE M. LE DOCTEUR POTTON

Président de la Société Impériale de Médecine de Lyon.

Messieurs,

’EST avec un profond sentiment de tristesse que la Société impériale de médecine se retrouve, se presse dans cette enceinte funèbre autour de la dépouille mortelle de l'un des hommes qui ont rendu à la compagnie les services les plus signalés, et que la compagnie reconnaissante a honorés de toutes les faveurs qu'il était en son pouvoir d'accorder. Nous sommes réunis pour rendre les derniers devoirs au docteur Rougier, qu'hier encore nous étions heureux d'entourer de notre affection et de notre estime.

Si un usage qui nous est cher n'imposait à votre président l'obligation de rappeler les mérites du digne confrère que nous avons perdu, mes sentiments m'auraient conduit à exprimer mes regrets personnels et mes paroles,

2

j'en suis sûr, auraient été encore l'expression de votre pensée.

Une vie longue, sagement remplie, offre des enseignements précieux dont il importe de conserver le souvenir.

Louis-Auguste Rougier, né à Lyon en 1792, embrassa de bonne heure l'étude de la médecine. Nommé en 1810 chirurgien interne de l'Hôtel-Dieu, à la suite d'un concours où se distinguèrent Lisfranc, Chervin, Nepple, il devint bientôt l'ami de ses maîtres Véricel, Bouchet et Janson, qui avaient reconnu en lui un disciple d'élite. Après un brillant noviciat, il quitta les hôpitaux; il allait prendre rang dans le monde à une époque où le pays, engagé dans les terribles luttes de 1812 et 1813, appelait à son secours ou à sa défense toutes les forces vives de la jeunesse française.

Dans son élan patriotique, Rougier partit comme chirurgien militaire, suivit en cette qualité l'armée d'Allemagne, assista à la sanglante et malheureuse bataille de Dresde, fit son devoir en restant sur le champ du combat, où il fut fait prisonnier en prodiguant ses soins à nos braves soldats. Un an de captivité à Pesth, en Hongrie, fut la récompense de son dévoûment et de son courage. Mais nous devons constater que sa conduite exceptionnelle, remarquée par ses chefs, l'avait dès lors fait proposer pour la décoration de la Légion d'honneur, qu'il n'obtint que beaucoup plus tard. Après avoir eu la gloire de défendre la patrie contre l'invasion étrangère, Rougier rentra en France.

Il comprit que l'heure des combats était passée; *Cedant arma*, se dit-il dans le langage classique qu'il savait si bien, et il revint sur les bancs de l'école se faire recevoir docteur.

Fixé dans notre ville, il commença bientôt la pénible carrière du praticien. Ses qualités solides furent rapidement comprises et appréciées : se montrant médecin instruit, homme de travail et de probité, portant très-haut le sentiment de la dignité médicale, il donna les preuves de son savoir lorsque, dans le concours de 1826, il fut nommé premier médecin de l'Hôtel-Dieu. Dans son ambition d'être utile, il s'attacha à la plupart des œuvres de bienfaisance qui honorent notre ville. La société de médecine l'appela presque aussitôt dans son sein; durant nombre d'années, comme secrétaire général d'abord, puis comme président, il a rendu à la science et à la corporation des services sans nombre.

C'est là que, s'attribuant la tâche modeste de faire valoir les œuvres d'autrui, il a lu ses intéressantes notices sur nos confrères Richard, Bouchet, Chervin et tant d'autres ; il a rappelé dans ses comptes rendus, modèles du genre, les travaux de la société elle-même ; la plupart de ses écrits ont pour sujet la médecine pratique ; son savant mémoire sur l'emploi de la morphine et de la strychnine a fixé véritablement deux points importants de thérapeutique ; il a été un des actifs collaborateurs du *Journal de médecine* de Lyon, lorsque cette feuille fut rétablie. Mais ce n'est point ici le lieu de parler des nombreuses productions dues à sa plume ; elles sont présentes à votre esprit ; elles lui ont valu, soit dans le monde médical, soit au dehors, la haute considération dont il jouissait. Il a été porté successivement à l'académie dans la section de médecine, au dispensaire comme médecin consultant, au comité de vaccine comme président, au conseil de salubrité comme président encore.

Son passage dans cette institution a été marqué par la publication d'un travail très-remarquable sur l'hygiène publique qui est la continuation de celui qui avait été commencé par les docteurs Polinière et Monfalcon. Là, comme en bien d'autres circonstances, il a montré un esprit droit et sûr ; plus désireux d'instruire que de briller, ses écrits, cependant, n'ont manqué ni d'éloquence ni de correction. Président de l'association des médecins du département du Rhône, il eût manqué à son caractère s'il n'eût pas servi cette association de toutes ses forces. Vous avez été témoins de sa foi ardente dans l'avenir de notre œuvre, de son activité pour la soutenir soit par ses démarches, soit par sa chaude parole dans nos assemblées annuelles ; il n'épargnait ni son temps, ni les sacrifices d'aucune sorte pour répondre à la haute confiance dont l'avaient honoré à la fois ses confrères et l'autorité.

Il avait su, comme on vous l'a dit avec tant d'éloquence et de cœur, conquérir par la noblesse de ses principes et de sa conduite la sympathie de tous, tandis que par son amour de l'humanité, par ses manières dignes et fermes, il honorait la profession médicale, à laquelle il était heureux d'appartenir. Sa vie de médecin a été longue ; quelques-uns ont fourni sans doute une carrière plus brillante aux yeux du monde, mais il est peu d'hommes, dans sa condition, qui l'aient eue plus utile et mieux remplie. Ce qui frappe, ce qui plaît surtout dans son existence, c'est cette obstination, cette persévérance à suivre la ligne droite, quelque rude, quelque difficile qu'elle puisse paraître; c'est la constance dans les affections, les idées, les goûts, les opinions. Etudiant, soldat, citoyen, médecin, ami et père, il a toujours été l'esclave de son devoir; il a soutenu sans faiblir le fardeau de la vie et des affaires. Comme nos maîtres des temps passés, après les fatigues professionnelles, il ne cherchait le repos que dans l'étude des belles-lettres, dans la lecture des grands écrivains qu'il aimait, parce que son esprit savait les comprendre.

Les joies, les douces émotions de la vie intérieure ne lui ont point manqué; entouré d'enfants, dont il avait raison d'être fier, il avait vu fructifier les principes, les sentiments de probité et de travail qu'il s'était plu à développer en eux. Sa vieillesse a été environnée de ces soins affectueux qui pour lui étaient la douce récompense de ses sacrifices; peu de nuages sont venus l'assombrir, et si sa vie a été traversée par quelques-unes des épreuves qu'il n'est pas donné à l'homme d'éviter, ici il est permis de dire qu'il ne s'y est pas mêlé trop d'amertume et de douleurs. Au milieu de ses dernières souffrances, quand déjà la mort l'avait touché, quand, aux angoisses de sa famille et de ses amis, il comprit que l'heure était proche, il fit un dernier retour sur lui-même, sur le passé; mais le calme n'abandonna pas son âme un seul instant, parce qu'il livrait au jugement de ses proches et à la miséricorde de Dieu une existence consacrée tout entière au service et au soulagement de ses semblables.

Pouvions-nous ne pas rappeler, ne pas louer ici une vie sans tache, qui laisse après elle de si justes, de si unanimes regrets? Son fils, sa fille qu'il aimait tendrement, béniront, honoreront sa mémoire ; son nom restera parmi nous, ses collègues et ses amis, comme le symbole de l'honêteté et du dévoûment. Nous devrons nous estimer heureux si, profitant de ses exemples, lorsque l'heure aura sonné pour nous, un cortége de voix émues nous jette les paroles que je lui adresse du plus profond de mon cœur : Adieu, homme de bien ! Cher et excellent confrère, adieu ! paix et bonheur éternel !

DISCOURS

DE M. LE DOCTEUR GLENARD

Secrétaire du Conseil d'Hygiène et de Salubrité.

———

Messieurs,

'EST un bien pénible, bien douloureux devoir que celui qui m'incombe aujourd'hui. Au bord de cette tombe qui va se fermer sur un collègue, sur un ami, prendre la parole c'est là pour moi une cruelle épreuve à laquelle j'aurais aimé me soustraire ! Mais comment me refuser à exprimer ici les sentiments de profonde affliction dont est pénétré en ce moment le conseil d'hygiène de Lyon, que Rougier a présidé pendant douze années? comment me refuser à rendre à ce mort tant regretté, ce triste et suprême honneur, dernier tribut, dernier témoignage de notre affection que nous puissions, hélas ! lui offrir désormais? Quoi qu'il m'en coûte, je ne veux point faillir à ce devoir envers lui.

Le docteur Rougier est mort, disait-on, hier dans notre grande cité, et partout la fatale nouvelle éveillait de douloureuses sympathies. C'est que Rougier jouissait d'une considération et d'une estime universelles ; c'est que tout le monde comprenait qu'une perte irréparable venait d'être faite ; c'est qu'en effet une de ces existences utiles à tous et qui honorent un pays, venait de s'éteindre. Et aujourd'hui, Messieurs, quelle affluence autour de ce cercueil, quel imposant cortége de regrets ! C'est que Rougier comptait tant d'amis ; c'est que sur la longue route qu'il a parcourue, il a semé tant de bienfaits.

Des voix plus éloquentes ou plus autorisées que la mienne ont dit ou diront les services qu'a rendus dans les diverses fonctions qu'il a occupées l'homme éminent dont nous déplorons ici la perte, mais laissez-moi faire revivre un instant à vos yeux le président du Conseil d'hygiène et vous comprendrez la légitimité, l'amertume de nos regrets.

C'est en 1851 que le docteur Rougier fut nommé membre du Conseil d'hygiène publique et de salubrité de Lyon. Des titres nombreux et importants l'avaient désigné d'avance au choix de l'administration. Comment, en effet, le médecin des hôpitaux, le fondateur et le soutien du Dispensaire, l'ardent propagateur de la vaccine n'aurait-il pas eu sa place dans un comité institué dans le seul but de prévenir autant qu'il est humainement possible, les maux qui naissent et se développent au sein des agglomérations d'hommes, d'en rechercher les causes, d'indiquer les moyens de les combattre ? Sa nomination fut accueillie avec une satisfaction profonde ;

ses nouveaux collègues lui ouvrirent leurs rangs avec empressement, avec bonheur ; et, dès son entrée, par un vote unanime, ils lui déférèrent la présidence. Cet accueil, ce vote, n'est-ce pas là le plus bel éloge qu'on puisse faire de Rougier ? n'est-ce pas un hommage spontanément rendu à un mérite incontesté, à une réputation légitimement acquise, à des talents bien connus, à un caractère, à des qualités hautement appréciés ?

Il est des hommes avides d'honneurs qui ne les recherchent qu'en vue de satisfaire leur vanité, qui ne considèrent les titres que comme des espèces d'ornements, que comme une sorte de parure destinée à embellir leur personne, à la faire resplendir aux yeux du vulgaire. Tel n'était point Rougier, Messieurs, vous le savez comme moi. Pour lui, une fonction, un titre honorifique, c'était une charge à remplir, un devoir à accomplir. Aussi, quand il acceptait un titre, une fonction, c'est qu'il sentait en lui un trésor de dévoûment, de zèle, qui devait suffire à la tâche et qu'il avait besoin de dépenser. « Noblesse oblige », disait-il ; aussi, membre et président du Conseil d'hygiène ne lui épargna-t-il ni son temps, ni sa peine. Il prit une part active et importante à ses travaux. Doué de connaissances variées et profondes, d'un sens droit, d'un esprit éminemment pratique, il était merveilleusement apte à l'accomplissement de cette mission souvent difficile, qui consiste à règlementer l'exercice des industries insalubres et à prononcer entre des intérêts souvent opposés. Il avait de plus le caractère ferme et conciliant qui facilite les transactions, le désir évident de justice qui fait accepter les décisions

comme l'expression de la vérité. Toutes les affaires importantes sur lesquelles le Comité d'hygiène a été consulté,
depuis 1851, il y a mis la main et y a travaillé lui-même.
Sa sollicitude pour tout ce qui intéresse la santé publique
était sans cesse en éveil, et bien souvent, sans attendre
d'être consulté, il sut prendre l'initiative et adresser à
l'administration de sages et utiles avis. Ce zèle dans
l'accomplissement de sa mission, cette préoccupation
constante pour la santé de tous, vous en verrez la preuve
dans le compte-rendu des travaux du Conseil d'hygiène,
livre où il a écrit d'excellentes et parfois d'éloquentes
pages, et qui restera pour établir et perpétuer ses droits
à la reconnaissance publique.

Mais pour bien comprendre Rougier, pour bien apprécier cet amour de l'humanité qui inspirait ses pensées
et ses actes, pour bien mesurer le fonds de dévoûment
qui l'animait, je voudrais que vous l'eussiez vu comme
moi, à cette époque peu éloigné de nous, où le choléra
menaçait notre ville, où le fléau, planant au-dessus de
nos têtes, indécis sur le point où il se fixerait, choisis-
sait cependant çà et là des victimes, en attendant de
s'abattre sur notre population. Vous auriez admiré alors
l'ardeur, l'intelligence avec lesquelles il se hâtait d'orga-
niser la résistance au terrible visiteur, distribuant à chacun son rôle et son poste, et se réservant le rôle et le
poste le plus périlleux ; vous l'auriez vu alors rassemblant
toutes ses forces pour la lutte ; vous auriez admiré comme
moi cette noble figure qui tour à tour s'attristait à l'idée
des victimes qu'allait dévorer le fléau, ou rayonnait d'une
sorte d'enthousiasme à la pensée qu'il fallait combattre et

peut-être se sacrifier pour le salut de tous. La Providence, dans sa bonté, a écarté de nous le monstre menaçant; mais, n'en doutez pas, Rougier l'eût vaillamment combattu.

Voilà comme Rougier comprenait sa mission de membre du Conseil d'hygiène, son rôle de président. Mais d'autres qualités nous le rendaient plus cher encore. Rougier était pour nous tous un véritable ami. Simple et bon, toujours affable et bienveillant, prêt à obliger, il avait conquis notre confiance, gagné nos cœurs. Nous l'aimions tous parce qu'il nous aimait. Il était devenu un trait d'union entre nous, et le Conseil d'hygiène était une véritable petite famille dont Rougier était le chef. Sa mort est pour nous un deuil de famille. Pleurons donc, Messieurs, cet excellent collègue ; nous avons perdu en lui un de nos frères les plus aimés ; pleurons, Messieurs, mais envions-le. Qu'il nous soit donné de mourir comme lui. Sa mort, c'est le triomphe de l'homme de bien ; et quel triomphe pour Rougier! Ces larmes, ces regrets, ces éloges qui s'exhalent de tous les cœurs, n'est-ce pas la glorification d'une vie consacrée à de nobles actions ; et cette belle âme purifiée par la religion, ornée de ses vertus, ne la voyez-vous pas sortir de ce corps toute parée pour les fêtes du ciel ?

Adieu donc, cher et excellent collègue, tu n'emportes pas tout avec toi ; tu nous laisses un souvenir précieux qui restera profondément gravé dans nos cœurs, et un exemple que nous nous efforcerons d'imiter.

DISCOURS

DE M. LE DOCTEUR J. BONNET

Secrétaire-Général de l'association des Médecins du Rhône.

Messieurs,

’EST au nom de l'association des médecins du Rhône que je viens, à mon tour, rendre un dernier hommage à la mémoire du docteur Rougier, son digne président. Des voix éloquentes vous ont dit à quels titres les sociétés savantes et littéraires de notre ville lui avaient successivement ouvert leurs portes et conféré l'honneur de diriger leurs travaux ; mais si les talents de l'esprit et les services rendus à la science suffisent d'ordinaire pour franchir le seuil des académies, il faut, pour se concilier les suffrages de toute une corporation, unir à ces mérites reconnus les qualités du caractère et les dons du cœur qui constituent à la fois, dans l'homme, la dignité et le dévoûment.

Dévoûment et dignité, tels sont, en effet, les deux traits distinctifs de la haute mission que le docteur Rougier a remplie pendant plus de dix années au sein de notre association.

Dès l'origine de cette institution, qui depuis n'a fait que grandir, M. Rougier en devint l'un des membres les plus actifs. Réunions préparatoires, requêtes devant l'autorité, organisation intérieure, rien ne coûta à son zèle, et s'il partagea avec le docteur Polinière, son ami regretté, les soins, les efforts, je dirai plus, les ennuis inévitables qui accompagnent l'enfantement de toute œuvre humaine, ce fut par un juste effet de la reconnaissance de tous que, dans le premier bureau de l'association, il prit place à côté de son premier président.

Deux fois maintenu dans le poste électif de vice-président par le suffrage unanime de ses confrères, il continua d'apporter à la prospérité de l'association nouvelle le concours de ses lumières et de son exemple. Aussi, lorsqu'une première fois, frappant notre association, la mort vint enlever le docteur Polinière à notre estime et à notre affection, M. Rougier se vit désigné, comme son digne successeur, au choix du souverain ; démarche toute spontanée de ses confrères qui laissa à notre collègue un de ses plus chers souvenirs.

Arrivé au faîte des honneurs que notre association pouvait lui décerner, M. Rougier, malgré les premières atteintes d'une maladie qui devait trop tôt nous le ravir, ne sentit diminuer ni son courage ni son activité. Répondant aux fins diverses de notre institution, on le vit tour à tour généreux et délicat dans l'administration des secours que nous accordons à l'infortune, juge conciliant et paternel dans les écarts de la dignité qui s'oublie, impartial dans les différends qu'une juste susceptibilité peut faire naître en nous, mais par-dessus tout prudent et ferme dans la défense de nos droits et de nos intérêts professionnels, que sa haute raison n'isola jamais des droits et des intérêts sociaux.

C'est dans l'accomplissement de ces dernières et difficiles fonctions que nous l'avons vu, toujours préoccupé de l'honneur médical, redouter l'éclat de nos luttes contre le charlatanisme et craindre que le motif noble et désintéressé de nos efforts ne fût pris pour le vil désir de voir disparaître, à notre profit, une lèpre sociale. Il croyait que quelques poursuites judiciaires avaient dû suffire pour signaler l'impuissance de la législation actuelle et en provoquer la réforme, et il estimait que dans cette voie le devoir cessait pour nous là où pouvait commencer le soupçon.

C'est cette pensée qui l'animait lorsque, représentant l'association du Rhône dans le congrès de toutes les associations de France, il remettait en quelque sorte aux mains de l'association générale la défense de ces intérêts supérieurs de notre profession, les plaçant par là dans une région si élevée qu'aucune malveillance ne saurait les atteindre. C'est cette prudence que, dans une circonstance solennelle, l'illustre président de l'association générale louait sans réserve et proposait en exemple aux autres sociétés de France.

L'œuvre de protection médicale à laquelle notre regrettable président a consacré les dernières années de sa vie, avait reçu de lui un concours doublement personnel. Dans son entier dévoûment à notre institution, il avait voulu que son fils, partageant la tâche généreuse qu'il avait embrassée, devînt le défenseur né et le conseil judiciaire de notre association. Et lorsque naguère un succès académique est venu couronner le front de ce fils chéri, sa joie de père éclata jusque dans nos réunions. Nous étions si bien de sa famille qu'il voulait en quelque sorte nous associer au bonheur de son foyer. Et nous aussi, aujourd'hui, nous partageons le deuil de cette famille éplorée, nous sympathisons du fond de l'âme à la douleur de ce fils qui restera parmi nous l'héritier des sentiments d'estime et de reconnaissance que nous avions voués au père.

Que de choses encore j'avais à dire, Messieurs, pour esquisser seulement la physionomie grave et bienveillante du docteur Rougier, pour peindre cette vie uniquement vouée à l'étude, à l'exercice de son art et aux services publics ; mais le temps qui me presse réserve à d'autres le soin religieux d'honorer plus complément sa mémoire. Du reste, citer les actions de l'homme de bien, n'est-ce pas faire son plus bel éloge ? Et quand il n'est plus, n'est-ce pas épancher sur sa tombe nos plus amers regrets ? Que de motifs donc pour pleurer celui auquel nous rendons aujourd'hui les derniers devoirs et qui emporte dans l'éternel repos un appui qui nous était si précieux ! Mais je me trompe, Messieurs, l'homme de bien qui se repose dans le sein de Dieu ne cesse pas de bien faire, car il nous laisse après lui l'exemple de ses vertus.

DE M. LE DOCTEUR DIME

Secrétaire de la Commission permanente de Vaccination gratuite.

Messieurs,

LA valeur des hommes se mesure moins à l'importance des fonctions dont ils sont chargés qu'à la façon dont ils les remplissent. Se tenir toujours à leur niveau, réservant des facultés plus élevées pour de plus hautes circonstances, savoir que, dans la société entière, il n'est point de rouage dont le défaut n'accuse la perfection de l'ensemble, et se contenter d'être utile dans la mesure assignée, c'est là, je crois, le devoir de tout homme qui a le sentiment de sa valeur comme membre d'un grand corps, de tout homme plus désireux de satisfaire sa conscience que son ambition. M. Rougier avait occupé toutes les fonctions laborieuses qui peuvent échoir à un médecin ; il était de toutes les commissions, et partout sa place était la première. L'association médicale n'avait trouvé personne plus que lui digne de figurer à sa tête. L'absence d'ambition qui le distinguait le désignait naturellement aux suffrages de ses confrères.

Les nombreux praticiens du département acceptaient sans humiliation une suprématie si modeste, une supériorité qui faisait si bon marché d'elle-même. C'est surtout dans la Commission de vaccine dont il faisait partie depuis neuf ans, et qu'il présidait depuis sept ans, que nous avons pu apprécier l'aménité de ses mœurs, la facilité de son caractère. Si je me représente ce qui se passait au sein de ces réunions auxquelles il offrait l'hospitalité de sa maison, je ne puis oublier que, dans les nombreuses questions qui s'y sont agitées, celles surtout qui touchaient de près ou de loin à la dignité professionnelle éveillaient des éclairs dans son œil limpide.

Dans les difficultés récentes, sa mémoire profonde retrouvait d'anciennes décisions et simplifiait les travaux de cette assemblée. L'autorité de sa parole était si grande, et qui ne l'eût pas acceptée ? Y eut-il jamais parmi nous un homme moins suspect, je ne dis pas seulement d'intérêt personnel, mais de cette tyrannie d'opinions d'autant plus impérieuse qu'elle regarde toute dissidence comme une révolte contre une autorité légitime.

Vous savez tous que de nombreuses et importantes questions sont confiées à la décision de ce tribunal, et qu'elles doivent être jugées avec d'autant plus de loyauté et de respect pour les droits d'autrui, que les intéressés ne sont jamais présents. Ces intéressés, ce sont les nombreux médecins vaccinateurs du département et les enfants bien autrement nombreux, auxquels la vaccine est distribuée. Les traditions que M. Rougier a établies parmi nous, leur garantiront longtemps encore cette protection égale, lorsque nous nous réunirons de nouveau, privés de notre plus vive lumière. Son absence nous fera sentir plus fortement de quelle utilité était pour nous sa présence. Il est, en effet, des hommes dont le caractère doux et conciliant se fond si harmonieusement dans le milieu où ils sont placés, qu'on subit chaque jour leur influence sans en ressentir la pression, et dont les idées s'imposent par une conviction qui pénètre dans les esprits sans rencontrer leurs aspérités.

En les quittant, on croit avoir émis soi-même les idées que l'on a acceptées, et l'on est d'autant plus satisfait de soi que l'on a plus de sujet de l'être de ces natures privilégiées. Tel était le rôle que M. Rougier remplissait parmi nous. — Et, maintenant, adieu, cher et respectable confrère ; je ne sais quelle satisfaction les morts peuvent recevoir de ceux qu'ils ont précédés dans le repos éternel, et s'ils ressentent quelque joie en voyant leurs amis marcher avec fermeté sur leurs traces ; mais, si cette faveur est concédée à ceux qui ont donné des exemples profitables, vous pourrez longtemps nous présider à nos réunions, et vous sourirez en entendant vos anciens collègues se demander en s'abordant : Vous souvenez-vous ?

DE M. LE DOCTEUR LECOQ

Directeur de l'Ecole Impériale Vétérinaire.

Messieurs,

 E savais d'avance qu'après les éloquents discours que vous venez d'entendre, je ne pourrais rien ajouter à l'éloge de l'homme excellent dont nous déplorons la perte. Je ne veux cependant pas laisser refermer cette tombe sans déposer sur son bord l'expression des profonds regrets des Elèves de notre Ecole. Tous ont voulu l'accompagner à sa dernière demeure et honorer par ce suprême hommage la mémoire du médecin savant et dévoué, dont le zèle et la science ne leur ont jamais fait défaut, et dont la mémoire vivra longtemps dans notre Ecole.

Pour moi, Messieurs, les expressions me manqueraient si je voulais dire ici la douleur que j'éprouve en me séparant à jamais d'un homme qui m'honora longtemps d'une amitié à laquelle j'attacherai toute ma vie le plus grand prix; et je me bornerai à lui adresser du fond du cœur, dans ce dernier adieu, l'hommage de ma reconnaissance.

DE M. LE DOCTEUR L. GUBIAN

Secrétaire du Comité médical du Dispensaire.

Messieurs,

’EST au nom du Comité médical du dispensaire général que je viens déposer à mon tour, sur la tombe de l'homme éminent que nous pleurons, le tribut des regrets d'une compagnie qui se transmettra d'âge en âge, et comme une tradition d'honneur et de mérite scientifique, le nom du docteur Rougier. Que de pertes cruelles, hélas! en peu de temps!

L'âme mêle ses tribulations pour les morts d'hier aux peines qu'elle ressent aujourd'hui et qui ne pourront jamais s'effacer, parce que les actes des hommes de bien sont impérissables.

M. Rougier a fait partie comme administrateur et comme médecin consultant de l'œuvre du Dispensaire général, et, dans ces doubles et honorables fonctions, il n'a cessé de témoigner de son dévouement à l'humanité pauvre et souffrante, non moins que de son zèle à suivre nos travaux et à les diriger avec un rare talent.

Président de notre comité médical, il avait le mérite de donner aux discussions scientifiques une judicieuse direction, et de porter avec une remarquable habileté les lumières de sa vaste expérience sur les questions les plus ardues de notre art. Aussi, lorsque sa santé, déjà chancelante, l'obligea à se séparer de nous, le Comité médical, en reconnaissance de tout ce que M. Rougier avait fait pour lui, fut-il unanime à demander de n'être point privé de ses conseils, et l'administration voulut-elle bien accorder à notre ancien président la distinction, unique jusqu'à ce jour, de médecin consultant honoraire. Nous eûmes le bonheur de le voir encore au milieu de nous, bonheur de trop courte durée! Une maladie douloureuse devait bientôt l'enlever à une famille et à des amis dont il était chéri et admiré.

Cher et vénéré confrère, en vous adressant un dernier adieu, vos collègues, vos élèves, qui étaient aussi vos amis, émus et pénétrés de l'immensité de la perte qu'ils viennent de faire, entendent cependant une voix qui leur dit que tout n'est pas fini en vous, et que la mort ne sera pour vous qu'une transfiguration glorieuse, — le repos acquis à votre âme immortelle!

Lyon. — Impr. de Louis Perrin.

www.ingramcontent.com/pod-product-compliance
Ingram Content Group UK Ltd.
Pitfield, Milton Keynes, MK11 3LW, UK
UKHW022349120726
13694UKWH00004B/1770